EDICIÓN TERESITA VALDETTARO
DISEÑO DE INTERIOR Y TAPA D.A.O. MATILDE BOSSI
CORRECCIÓN MARISA CORGATELLI
PRODUCCIÓN INDUSTRIAL ANÍBAL ALVAREZ ETINGER

Massabó, María Susana

La historia de Vincent van Gogh / María Susana Massabó ; edición literaria a cargo de Oscar Armayor ; ilustrado por Mima Castro. - 1a ed. - Buenos Aires : Guadal, 2009.

32 p. : il. ; 27x19 cm. - (Historias con pictogramas)

ISBN 978-987-579-790-1

1. Material Auxiliar para la Enseñanza. I. Armayor, Oscar, ed. lit. II. Mima Castro, ilus. III. Título

CDD 371.33

 Primera edición publicada por Editorial Guadal S.A., Av. de Mayo 1209 2° D, Cuidad Autónoma de Buenos Aires, Argentina.
Hecho depóstio que marca la Ley 11723. Libro de edición argentina.
Esta edición se terminó de imprimir en Casano Gráfica S.A.
Buenos Aires, Argentina, en julio de 2009.

ISBN: 978-987-579-790-1

# La historia de
# Vincent van Gogh

TEXTO DE **MARÍA SUSANA MASSABÓ**
ILUSTRACIONES DE **MIMA CASTRO**

el gato de hojalata

# Biografía de Vincent van Gogh

Vincent van Gogh nació el 30 de marzo de 1853, en Grand Zundert, una aldea de Holanda.

Sus padres fueron Theodorus van Gogh, un pastor religioso, y Anne Cornèli Carbentus. Tuvieron seis hijos: Vincent, Anne, Théo, Elisabetha, Willemina y Cornèli.

Una vez terminados sus estudios, Vincent y su querido hermano Théo trabajaron en las galerías de arte Goupil. Durante su vida, se escribieron ambos tantas cartas que, con ellas, se publicó un libro.

Pronto, Vincent dejó este trabajo para tomar clases de pintura.

Vivió en muchos lugares de Europa: La Haya, Londres, Nuenen, París, Arlés, Saint-Rémy, Auvers. Mientras estuvo en ellos, siempre pintó.

Sus primeros cuadros tenían colores oscuros. En ellos, representó a los campesinos, tejedores y mineros, mientras realizaban sus trabajos. Vincent se preocupó mucho por ellos.

En París, trató a varios pintores famosos, que no valoraron su obra. Entonces, se mudó al sur de Francia, donde comenzó a pintar la naturaleza, empleando ahora colores cálidos.

Como sufría ataques nerviosos, su hermano Théo consultó a muchos médicos. Muchas veces estuvo internado en hospitales.

A pesar de sus sufrimientos, fue un artista genial e incansable que, en los últimos diez años de su vida, pintó más de 800 obras.

Murió el 29 de julio de 1890, cuando apenas tenía 37 años.

Hoy, es uno de los pintores más admirados del mundo.

 VAN GOGH, QUIEN IBA A SER UNO DE LOS GRANDES PINTORES DE LA HISTORIA, NACIÓ EN HOLANDA. ERA UN PELIRROJO, PECOSO Y CON  VERDES.

DE LOS 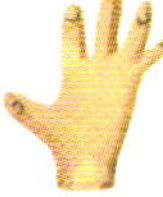 HERMANOS QUE TENÍA , THÉO  ERA SU PREFERIDO. LOS  TRABAJARON EN UNA GALERÍA DE ARTE, DONDE SE MOSTRABAN Y VENDÍAN DE PINTORES FAMOSOS.

BIBLIA

ELIGIÓ SER "MARCHAND",

UNA PERSONA QUE SE DEDICA A

COMPRAR Y VENDER  .

DESPUÉS DE ALGUNOS AÑOS,

DESCUBRIÓ SU VOCACIÓN

Y SE DEDICÓ A  Y

A  .

*LOS COMEDORES DE PAPAS*
*1885; 82 x 114 cm.*

UNA DE SUS PRIMERAS OBRAS SE LLAMÓ *LOS COMEDORES DE PAPAS.* EN ELLA, USÓ OSCUROS Y OPACOS, Y RESALTÓ LAS LUCES CON MAESTRÍA.

Los  que

pintaba se los daba a 

para que los vendiera.

Aunque  no conseguía

vender las obras de ,

igual le enviaba ,

para que no dejara de .

Los  siempre se

escribían 

, y era

habitual que, en ellas,

 mandara dibujos y le

contara a  sus proyectos

para nuevas pinturas.

 VIAJÓ A PARÍS, DONDE SE RELACIONÓ CON LOS PINTORES DE LA ÉPOCA Y CONOCIÓ NUEVAS MANERAS DE UTILIZAR EL COLOR. COMO EN SUS  SIEMPRE DESTACABA LA LUZ,  SE SINTIÓ MUY ATRAÍDO POR EL USO DE LOS  CLAROS Y POR LA MANERA DE APLICARLOS.

*DURAZNOS EN FLOR*
*1888; 73 x 59,5 cm.*

Después, decidió mudarse de París a Arlés, un lugar con , , huertos, árboles en flor, y jardines. Allí se dedicó a la naturaleza.

Prefería la primavera, cuando renacían las  y las  . Pintaba al mediodía, porque a esa hora el 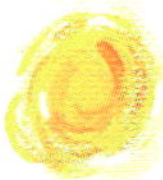  está en lo alto del cielo y, como no proyecta sombras, las cosas se ven a plena luz. En Arlés,  pintó varios paisajes, huertos y frutales de  claros y alegres.

*LA HABITACIÓN*
*1889; 56,5 x 74 cm.*

TAMBIÉN LE GUSTABA  RETRATOS, MOMENTOS DE LA VIDA CAMPESINA Y OBJETOS SENCILLOS COMO , NIDOS O LA  QUE USABA. CUANDO ESTUVO EN ARLÉS, HIZO UN CUADRO DE SU HABITACIÓN Y OTRO DE SU .

***JARRÓN CON GIRASOLES***
*1888; 61 x 46 cm.*

NATURALEZA MUERTA CON GIRASOLES
*1888; 93 x 73 cm.*

EN EL AÑO 1888, recibió en Arlés a un pintor que admiraba: Paul Gauguin. Con mucho cariño, preparó la para hospedarlo: la pintó de color y decoró el cuarto de Gauguin con de .

EN ESA [casa], UN DÍA [Van Gogh] TUVO UN ATAQUE DE NERVIOS Y SE CORTÓ PARTE DE LA [oreja] DERECHA. LO INTERNARON Y [Theo] LO CUIDÓ HASTA QUE SE CURÓ. [Van Gogh], QUE TANTAS VECES SE HABÍA PINTADO A SÍ MISMO, TAMBIÉN SE PINTÓ CON LA [oreja] VENDADA.

*AUTORRETRATO CON LA OREJA VENDADA*
*1889; 60 x 49 cm.*

Posteriormente sufrió

otros problemas mentales.

En tales momentos, sólo lo

tranquilizaba  .

Pintaba día y 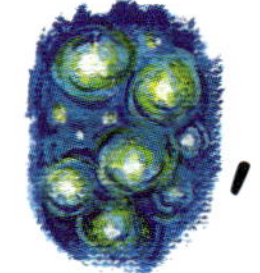,

sin comer ni dormir,

y fumando mucho. Se sentía

enfermo y se lo dijo a

, que consultó

con , quienes le

aconsejaron que

internara a  .

*EL PATIO DEL HOSPITAL DE ARLÉS*
*1889; 73 x 92 cm.*

COMO  QUERÍA QUE SU HERMANO SE

CURARA, BUSCÓ UN BUEN  .

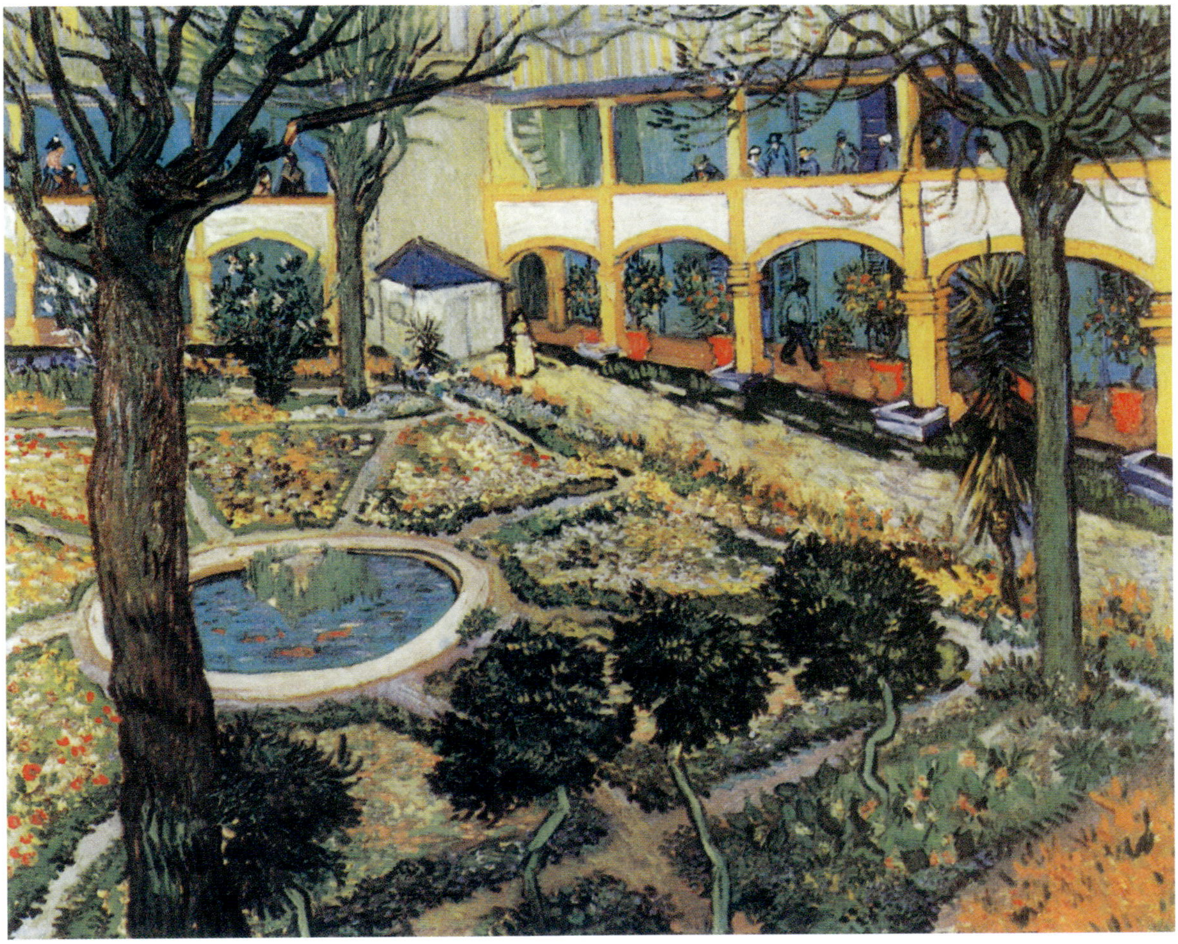

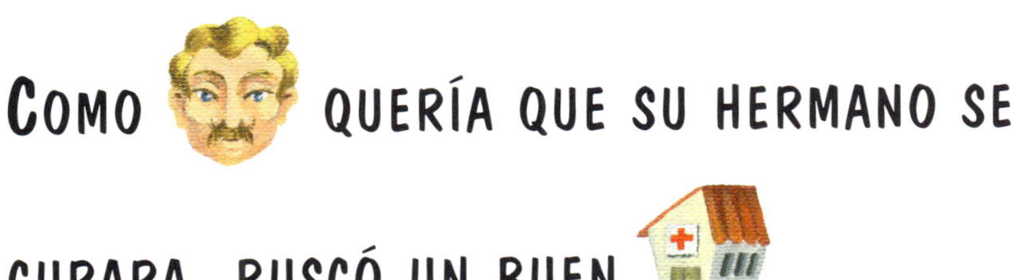

**LIRIOS**
*1889;*
*71 x 93 cm.*

VARIAS VECES ESTUVO INTERNADO.

ALGUNOS  LE PERMITÍAN

SALIR A  AL AIRE LIBRE.

OTROS NO, ENTONCES PINTABA

OBJETOS Y LOS PAISAJES QUE VEÍA

DESDE LA . POR EJEMPLO,

EN EL HOSPITAL DE SAINT-RÉMY,

HIZO  DE LIRIOS Y LILAS,

OLIVOS Y CIPRESES.

DÍAS ANTES DE MORIR, PINTÓ UN CIELO TENEBROSO SOBRE UN CAMPO DE TRIGO Y UNA BANDADA DE QUE VOLABAN HACIA EL HORIZONTE.

*CAMPO DE TRIGO CON CUERVOS*
*1890; 50,5 x 100,5 cm.*

TAL VEZ PINTÓ ESOS PORQUE DESEÓ IR VOLANDO CON ELLOS HASTA DESCUBRIR UN LUGAR DONDE SIN LÍMITES, DONDE JAMÁS EL SUFRIMIENTO LO PUDIERA ENCONTRAR.

# DICCIONARIO

Vincent

niño

ojos

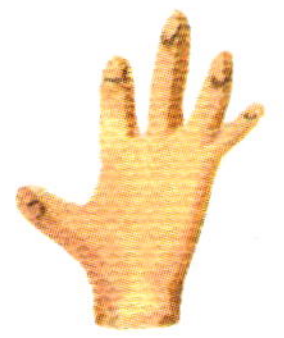
cinco

Théo

hermanos

cuadros

dibujar

pintar

colores

dinero

cartas

plantas

flores

mariposas

sol

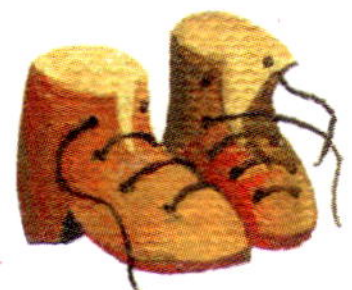

zapatos

silla

casa

amarillo

girasoles

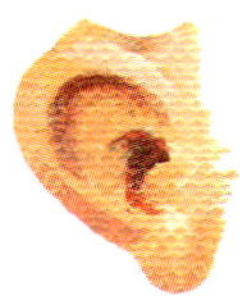

oreja

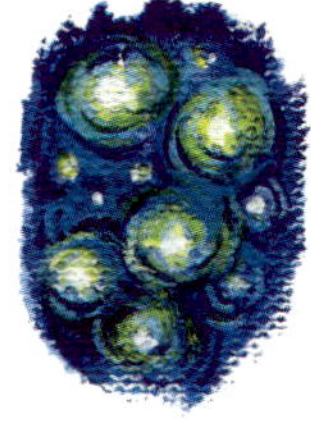

noche

médicos

hospital

ventana

cuervos